L'ACADÉMIE,

ou

LES MEMBRES INTROUVABLES.

L'ACADÉMIE,

ou

LES MEMBRES INTROUVABLES,

COMÉDIE SATIRIQUE EN VERS;

PAR GÉRARD.

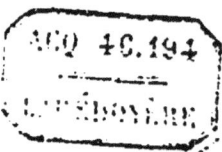

Je cherche un homme.

A PARIS,

CHEZ TOUQUET, GALERIE VIVIENNE,

ET CHEZ-LES-MARCHANDS DE NOUVEAUTÉS.

Décembre 1826.

IMPRIMERIE DE DAVID,
BOULEVART POISSONNIÈRE, n° 6.

Est-il rien de plus critique que la situation d'un auteur qui travaille à une pièce de circonstance ? Tous les jours, feuilletant les journaux, il épie un fait qu'il n'ait pas consigné, une allusion qu'il n'ait pas saisie. L'ouvrage terminé, s'il ne s'empresse de le faire paraître, le moindre événement peut renverser tout son échafaudage : voilà quelle fut ma position. Cette satire dramatique, terminée depuis deux mois, aurait dû être imprimée dans le même temps; mais les libraires sont devenus si timides, qu'il a fallu supprimer bien des vers passables, en ajouter bien des mauvais, avant de parvenir au but désiré. Le temps s'est écoulé, quelques plaisanteries n'ont plus été de saison, d'autres au contraire n'ont pu trouver place. Mais, ce qui est bien pis, un seul fait faillit tout renverser : il ne manquait encore qu'un académicien ; tout avait été basé sur ce plan ; mais la mort d'un second nécescita un changement de titre, de nouveaux vers et des scènes nouvelles, et, comme si cette mésaventure n'eût pas suffi, voilà que tout-à-coup on parle de candidats. Les Pariset, les Dupuytren, les Royer-Collard, les Guillon roulent sur le tapis; par bonheur, il y eut remède, et l'*œuvre du démon* s'augmenta d'une dernière scène. Eh bien, maintenant ce n'est plus cela; tous ces *on dit* n'ont été qu'une mystification, et l'Académie demeure toujours invalide........

Nouveau changement, quatre vers donnent au dénouement une autre face ; on imprime à la hâte, de peur d'une nouvelle anicroche, et l'ouvrage est publié.

C'est maintenant au public de juger si, quoique étranglé, mutilé, délayé, il est encore digne de son attention, et de décider si les débuts d'un poète, qui osa à dix-sept ans se lancer dans la carrière, méritent quelque bienveillance.

―――

PERSONNAGES.

M. ROGER, Homme de lettres.

M. RAYNOUARD, Secrétaire perpétuel.

M. L'ENDORMI, Inspecteur des bâtimens publics.

M. BRIFFAUT, Homme de génie.

M. PARISET, Médecin de Bicêtre et de l'Académie.

L'ACADÉMIE, Invalide.

LE PAUVRE DU PONT DES ARTS.

L'OUVRIER DE L'ARC DE L'ÉTOILE.

Deux Porteurs de brancard.

La scène se passe sur le Pont des Arts.

L'ACADÉMIE,

ou

LES MEMBRES INTROUVABLES,

COMÉDIE SATIRIQUE EN UN ACTE.

SCÈNE PREMIÈRE.

M. ROGER, M. RAYNOUARD.

M. ROGER.

Enfin, vous le voulez..., c'est une affaire faite.

M. RAYNOUARD.

Oui, je vais à Passy vivre dans la retraite;
Nous allons, comme on dit, de Charybde en Scylla,
Et je suis las enfin de voir tout ce train-là.
Depuis que vous mettez le nez dans nos affaires,
Nous sommes entraînés d'ornières en ornières;
Tout va bientôt verser: ma foi! sauve qui peut!
Je pars; soit à présent secrétaire qui veut!

« Cette maison pourtant me semblait un bon gîte,
» J'aurais voulu ne pas en décamper si vite, »
Surtout lorsque je pense aux fauteuils bienfaisans
Où l'on dormait si bien en dépit des plaisans;
Mais je veux à la fin montrer ce que je pense,
Et du mal à venir laver ma conscience;
Ainsi, remettant tout à la grâce de Dieu,
Je tire pour ma part mon épingle du jeu.

M. ROGER.

Mais, monsieur Raynouard, songez...

M. RAYNOUARD.

      Songez vous-même
Que tout ne marche ainsi que par votre système.

M. ROGER.

Quoi! je suis donc le bouc chargé de vos péchés,
Qui va...

M. RAYNOUARD.

  Vous l'avez dit.... et des mieux encornés.

M. ROGER.

Une telle action blesse les bienséances;

Que dira-t-on, bon Dieu?

M. RAYNOUARD.

Bien des impertinences;
Mais c'est tant pis pour vous : vous l'avez mérité.

M. ROGER.

Que dira notre siècle, et.... la postérité?

RAYNOUARD.

Ah! la postérité, personne fort honnête,
Aura, j'en suis garant, bien autre chose en tête;
De pareils immortels y feront peu de bruit.

M. ROGER.

L'histoire nous attend.

M. RAYNOUARD.

Et l'oubli vous poursuit.

M. ROGER.

Je ne vous conçois pas, vous, si poli naguères,
N'allez-vous pas aussi médire des confrères?

M. RAYNOUARD.

Mon Dieu! non; quelques-uns sont vraiment immortels;

L'histoire dès long-temps les a connus pour tels;

Mais Cessac se pavane au fauteuil de Corneille,

A celui de Fléchier....(et l'on cria merveille);

Celui de Montesquieu, de Bonald s'est *chargé*;

Quant au vôtre, sandis! il n'a pas dérogé :

De ce pauvre fauteuil le malheur est extrême;

Et vos prédécesseurs, obscurs comme vous-même,

N'auront point à rougir de vous voir après eux.

M. ROGER.

Courage! allons, poussez; ce début est heureux;

Cela promet beaucoup....

M. RAYNOUARD.

Et tiendra davantage;

Le cousin de la Vierge....

M. ROGER.

Oh! point de badinage!

Chut!

M. RAYNOUARD.

Mais je n'ai rien dit.

M. ROGER.

> *La Dame blanche entend!*

M. RAYNOUARD.

Ah! c'est vrai. Je me tais sur Baour *l'ondoyant*,

Et sur feu Lémontey, qu'on disait un peu chiche,

Et sur l'*in partibus*, peigné comme un caniche;

Je lègue aux temps passés, où l'on les oublia,

Bonald l'*idéologue*, et l'honnête Laya;

Je ne parlerai pas du *jeune* Lacretelle,

De Cuvier, disséquant les dindons chez Villèle,

Du *fécond* Montesquiou, d'Auger le *noticier*,

Et de Villar sans *s*, et du pédant Dacier;

Mais, au moins, dites-moi quelles sottes bévues

Vous font choisir si mal vos nouvelles recrues?

Pour Soumet, passe encor; mais le baron chrétien,

Mais mons le grand prélat, qu'ont-ils fait? rien de bien.

Vous avez préféré, bravant l'ignominie,

L'homme grand au grand homme, et le rang au génie;

Le public sait pourtant distinguer à son gré

Le modeste savant, de l'ignorant titré;

Sous la peau du lion l'âne en vain fait merveille :

On s'y trompe un instant, mais gare au bout d'oreille !

L'imperceptible Droz est un homme de bien ;

C'est tout : vous l'avez fait académicien ;

On sait qu'*à la fourchette* il emporta la place.

Quant au grand *Savoyard*, je vous en ferai grâce.

M. ROGER.

Mais nous avons encore un auteur sans défaut :

La raison...

M. RAYNOUARD.

Oui, je sais, *et la rime*, Briffaut.

Il dut bien s'étonner d'une telle aventure,

Et pouvait s'écrier, comme dans l'Écriture,

En lisant son brevet à l'immortalité :

« Qu'ai-je donc fait, Seigneur, pour l'avoir mérité ? »

Et qu'en résulte-il maintenant ? que la France

Voit votre abaissement avec indifférence ;

Que vos jours d'apparat sont à peine honorés

Du vulgaire concours de quelques désœuvrés,

Ou d'amis courageux, qu'à grands frais on invite,

Mais qu'un de vos discours a bientôt mis en fuite.
Un jour, ce fut bien mieux : vous savez qu'on siffla...

M. ROGER.

Oui, je m'en souviens bien...; mais la garde était là,
Et notre ami bientôt, bravant les persifflages,
Fit à la baïonnette enlever les suffrages.

M. RAYNOUARD.

Par le même moyen contraindrez-vous les gens
A venir se placer sur vos siéges vacans,
Où personne à présent ne se sent le courage
De braver la critique et d'affronter l'outrage ?
Vous avez donc partout bassement colporté
Ce ridicule honneur... qu'on n'a point accepté;
Et, depuis quatre mois, il est bien clair qu'en somme
Vous n'avez encor pu raccrocher un seul homme
Qui, par quinze cents francs se sentant alléché,
Voulût prendre sur soi les hasards du péché.

M. ROGER.

Eh ! s'il en est ainsi, si le fait est notoire,
Vous feriez en restant une œuvre méritoire :

Un soldat, quand il voit le combat s'engager,

Ne quitte pas les rangs au moment du danger.

M. RAYNOUARD.

Ah! c'est bien différent : pour moi, je ne recule

Qu'en présence du blâme, ou bien du ridicule;

D'ailleurs, fuir librement, ou vivre sous vos lois,

Le cas est-il douteux, et m'offre-t-il un choix ?

Non : je vois d'un côté la liberté que j'aime,

Et de l'autre Montrouge, et la honte, et vous-même !

Serviteur. (Il sort.)

SCÈNE II.

M. ROGER, seul.

Ce qu'il dit n'est pas fort de mon goût;

Ce monsieur Raynouard n'est pas poli du tout;

Pourtant, en le voyant servir la bonne cause,

J'avais bien cru pouvoir en faire quelque chose.

Cela se conçoit-il? Venir me faire affront,

A moi, qui lui payai le passage du pont,

Sur lequel, comme on sait, malgré ses simagrées,
Il n'avait pu jamais obtenir ses entrées !
Malhonnête !... On s'étonne à de pareils effets ;
Croyez donc maintenant au pouvoir des bienfaits !...
Cependant, ce qu'il dit n'est que trop véritable,
Et de notre crédit l'état est pitoyable :
La pauvre Académie, autant que je le voi,
De faiblesse, bientôt, expirerait sans moi ;
Les ris, les quolibets lui pleuvent, Dieu sait comme !
Elle maigrit sans cesse, et moi... je cherche un homme !
Un homme !... où le trouver ? tout le monde me fuit ;
Dès qu'on me voit paraître on s'esquive sans bruit.
C'est comme l'autre jour... je m'en vais au parterre...

SCÈNE III.

M. ROGER, LE PAUVRE DU PONT DES ARTS.

LE PAUVRE.

Bon monsieur charitable...

M. ROGER.

On n'a rien à vous faire.

Ah! cependant, bonhomme, écoutez donc.

LE PAUVRE.

Eh bien?

M. ROGER.

Voudriez-vous pas être académicien?

LE PAUVRE.

Oui, si la place est bonne.

M. ROGER.

Oh! très-bonne.

LE PAUVRE.

Et les gages?

M. ROGER.

Quinze cents francs.

LE PAUVRE.

C'est peu.

M. ROGER.

Puis d'autres avantages.

LE PAUVRE.

On est entretenu, logé, nourri?

M. ROGER.

Mais, non :
Vous avez cependant certains tours de bâton,
Un jeton par séance, et puis....

LE PAUVRE.

Maigre salaire;
Mais c'est encore assez, si l'on n'a rien à faire.

M. ROGER.

Ah! mon Dieu, presque rien : donner la chasse aux gens
Qui pour titre au fauteuil n'ont rien que des talens;
Flatter les grands seigneurs, faire honneur à leur table,
Les égayer, leur plaire et leur paraître aimable;
Des jésuites vainqueurs soutenir les trétaux,
Les prôner à toute heure, et baiser leurs ergots;
Des idoles du jour imiter les grimaces...
Moyennant quoi, l'on a des dîners et des places:
Ainsi de suite.

LE PAUVRE.

Et puis est-ce tout?

M. ROGER.

A peu près,
Sauf quelque chose encor que vous saurez après.

LE PAUVRE.

Écoutez donc, monsieur, je suis un pauvre diable,
Et la place pour moi serait assez sortable :
Mais je ne voudrais pas, je vous en fais l'aveu,
Accepter votre argent, sans remplir votre vœu :
Ce vœu ne me plaît point ; car j'ai de la décence ;
Dans mon petit état j'aime l'indépendance.
Ainsi, portez ailleurs de pareils argumens...
Je suis pauvre, il est vrai, mais j'ai des sentimens.

SCÈNE IV.

M. ROGER, seul.

Je demeure confus ! Voyez-vous l'insolence !
De pareils malotrus ont une conscience !
Cette fois, me voici dans un grand embarras.

SCÈNE V.

M. ROGER, L'OUVRIER DE L'ARC DE L'ÉTOILE.

L'OUVRIER, arrivant en chantant:

AIR : *Où s'en vont ces gais bergers?*

Je voudrais sans nul souci,
Dormir toute ma vie;
Plus d'un grand agit ainsi;
C'est ma philosophie.
« Finis ce beau monument, »
M'a dit monsieur Corbière;
Mais l'ouvrage ira tout doucement,
Car j'aime à ne rien faire.

S'il s'en fâche, par ma foi,
Je ris de sa colère:
Que fait-il de plus que moi,
Dans son grand ministère?
Si le bien vient en dormant,
J'en aurai, je l'espère;
Que je sois député seulement...
Moi, j'aime à ne rien faire.

Dagobert disait : « Éloi,
» Mon fidèle ministre,
» Je t'avertis que sur toi
» Court plus d'un bruit sinistre;

« Mais je suis bien assuré
» Que tu règnes en père :
» Va, mon cher, taille et rogne à ton gré...
» Moi, j'aime à ne rien faire. »

On disait à Rossini :
« Vous êtes un grand homme;
» Mais.....»

M. ROGER, à part.

Celui-ci, pour le coup, ne m'échappera pas !
(A l'ouvrier.)
Approchez, mon ami, j'ai deux mots à vous dire :
Voulez-vous devenir rentier?

L'OUVRIER.

Monsieur veut rire.

M. ROGER.

Du tout. Voulez-vous être académicien ?

L'OUVRIER.

Mais, dans cet état-là, qu'a-t-on à faire ?

M. ROGER.

Rien.

L'OUVRIER.

C'est un très-bon état.

M. ROGER.

Plus, une grosse somme
D'écus dans son gousset, pour faire le jeune homme.

L'OUVRIER.

Combien?

M. ROGER.

Quinze cents francs, en argent bien compté.

L'OUVRIER.

C'est joli.

M. ROGER.

Comment donc?... et l'immortalité...

L'OUVRIER.

C'est quinze cents francs net; ah ça, veuillez m'instruire :
Si j'entre là dedans, que me faudra-t-il dire?

M. ROGER.

Ah! j'allais l'oublier; notez bien ce point-ci :
A ces messieurs d'abord, vous direz : « Grand merci! »
(Il faudra, ce disant, ôter votre casquette.)

On répondra: « Monsieur, vous êtes bien honnête! »
Puis, votre nom chez nous dûment enregistré...
Intrare dignus es in docto corpore.

L'OUVRIER.

Touchez là! j'y consens, puisque c'est si facile:
Faut-il m'endimancher?

M. ROGER.

Mais non, c'est inutile;
Une demande encor pour la dernière fois:
Savez-vous lire?

L'OUVRIER.

Un peu.

M. ROGER.

Signer?

L'OUVRIER.

Je fais ma croix.

M. ROGER.

Ah! fort bien, c'est assez pour pouvoir vous inscrire.
Maintenant, suivez-moi, je vais vous faire élire.

(Il le prend par le bras.)

SCÈNE VI.

Les Précédens, M. L'Endormi.

M. L'Endormi, *saisissant son ouvrier par l'oreille.*

Ah! coquin, je t'y prends: que viens-tu faire ici?

L'Ouvrier.

Monseigneur...

M. L'Endormi.

Quoi! maraud, me bafouer ainsi!
Tu veux donc, fainéant, dormir toute ta vie!
Est-ce ton atelier, dis, que l'Académie?

L'Ouvrier.

Monseigneur, c'est monsieur...

M. L'Endormi.

C'est monsieur!... ah! ma foi!
Singulière raison. S'il te disait: Pends-toi!
Le ferais-tu?

L'Ouvrier.

Mais... non.

M. L'Endormi.

Eh bien! c'est tout de même;

2

Un drôle, en qui j'ai mis ma confiance extrême !

Un jour à mon hôtel je l'avais fait venir :

« Je te donne, lui dis-je, un trophée à finir ;

» Ce noble monument, fondé par un despote,

» Doit, être par tes soins, couvert d'une calotte ;

» Au lieu des bas-reliefs dont on voulait l'orner,

» D'attributs plus chrétiens il faut l'environner.

» Tu mettras d'un côté d'abord... » Enfin, n'importe !

Toujours, c'était le plan d'une sublime porte.

Eh bien ! tout est-il fait ? mes vœux sont-ils remplis ?

Le lys décore-t-il ses arceaux embellis ?

Non, mais sur le fronton, depuis la monarchie,

Deux moëllons montrent seuls leur carrure blanchie.

Est-ce là travailler ? Eh ! maraud, souviens-toi

Que le blâme t'épargne et retombe sur moi !

Un pareil garnement ne remplit point sa tâche,

Et c'est moi, moi tout seul qu'on prend pour un grand lâche.

Les arts sont morts, dit-on, le commerce est à bas,

Les monumens publics ne se terminent pas ;

Est-ce ma faute à moi ? c'est l'ouvrier qui flâne ;

Pour les méfaits d'autrui faut-il qu'on me condamne?
Au Louvre, dès long-temps, j'en avais placé deux :
Un jour, passant par là, je m'adresse à l'un d'eux,
Et lui dis: « Que fais-tu?—Moi, monsieur, j'aide Pierre.
—Et Pierre, que fait-il?—Mais, il n'a rien à faire. »
Que dites-vous du trait? C'est ainsi qu'on nous sert ;
L'échafaudage aussi reste toujours désert;
Mais ces messieurs, formant conseil diplomatique,
Lisent le *Moniteur*, font de la politique,
Discutent les budgets, mais à n'en plus finir,
Et gouvernent la France.... au lieu de l'embellir.
Tu ris, grand fainéant, tu ris à ce langage!
Allons! prends tes outils! retourne à ton ouvrage!
Et demeure maçon, puisque c'est ton métier.

(Il le chasse à coups de pied.)

SCÈNE VII.

M. ROGER, M. L'ENDORMI.

M. ROGER, *pleurant*.

Ah! monsieur, vous m'ôtez le foin du ratelier :
Ma pauvre Académie est à sa décadence.

Et vous lui ravissez sa dernière espérance.

M. L'ENDORMI.

Bon !... vous rencontrerez d'aussi dignes élus:
Vous avez Mérindol, Quatrebarbe, Auguste Hus,
Castil-Blaze, un gaillard qui, je crois, n'est pas bête,
Sosthènes *le moral*, dont c'est bientôt la fête,
Vos commis, vos facteurs, le collége égyptien,
Martain l'âne....., Grillon.

M. ROGER.

    Hélas! croiriez-vous bien
Qu'ils ont refusé tous?

M. L'ENDORMI.

    Voyez-vous la canaille!

M. ROGER.

Monsieur, c'est à bon droit que tout Paris me raille;
Amis comme ennemis, tous m'ont abandonné,
Et depuis quatre mois je n'ai pas étrenné.

M. L'ENDORMI.

Eh bien! cherchez encor, feuilletez bien la ville;
Créez un monstre, ou bien prenez l'homme-fossile.

M. ROGER.

Oui, mais dans le fauteuil comment le faire asseoir ?

M. L'ENDORMI.

Faites votre possible. Adieu donc, au revoir !

M. ROGER.

Quoi ! vous m'abandonnez ? auriez-vous quelqu'affaire ?

M. L'ENDORMI.

Oui, je vais bouquiner le long du quai Voltaire.

M. ROGER.

Quai *Vaulchier.*

M. L'ENDORMI.

Soit.

M. ROGER.

C'est mieux.

M. L'ENDORMI.

J'y vais pour ma santé. Bonne chance !

M. ROGER.

Merci.

(M. l'Endormi sort.)

SCÈNE VIII.

M. ROGER, seul.

Toujours désappointé !
La chaine du malheur lasse enfin ma constance ;
Je te défie, ô sort ! d'augmenter ma souffrance !
Après de pareils coups, je n'ai plus le pouvoir
De croire à la fortune, et d'espérer..... l'espoir !
J'avais voulu tenter par mon offre splendide
Le contrôleur du pont ainsi que l'invalide ;
Ils me rirent au nez ; le pauvre en fit autant.
L'ouvrier seul !... O rage ! ô destin rebutant !
Je me flattais encor... mais à présent, que faire ?
Rossini, l'autre jour, eût bien fait mon affaire ;
Je lui dis : « Grand *maestro*, vos sublimes accords
Ont du monde étonné mérité les transports :
Un fleuron cependant manque à votre couronne,
Et notre illustre corps, vous l'offrant en personne,
De vos nobles travaux veut vous récompenser ;
Un fauteuil vous attend, venez vous y placer.
—Cio é ben detto, et zou vous rémercie,

Dit-il, d'avoir rendou zoustice à mon zénie,

Zou trouvé le fauteul molto ben inventé,

Et z'aimerais assai vostra far niente;

Ma, dé quinzé cents francs l'offre é troppo mesquine,

Et non puoté permettre ouné grossé couisine.

—Mais songez donc que c'est pour dormir.—Z'entends bien;

Voi conviendrez péro qué cé dormir por rien!

—Tous nos membres pourtant dorment pour cette somme

—Oh! ma, c'é différent, moi zou souis un grand homme.

Quinzé cents francs l'anno, c'é trop bon pour Briffaut;

Ma, pour moi, mon ami, c'é bien plous qu'il me faut.

—Nous ne pouvons pourtant vous donner davantage.

—Académisez donc oun autré personnage!

Diavolo! zou résiste à toutés vos raisons,

Et z'en réviens touzours à mes pétits poissons.

Et le voilà parti: moi, que pouvais-je faire?

Je n'avais rien alors qui pût le satisfaire,

Car ces quinze cents francs nous sont tout net comptés,

Et ce sont des prix faits comme petits pâtés.

Je fis donc une affiche et mis ces mots en tête:

« On voudrait rencontrer une personne honnête,

» Qui fût de bonnes mœurs, pût lire quelquefois,

» Et sût même au besoin faire un peu... »
(Apercevant M. Briffaut.)

Mais je vois...

Holà, Briffaut, Briffaut!

SCÈNE IX.

M. ROGER, M. BRIFFAUT.

M. ROGER.

> Eh bien! quelle nouvelle?

M. BRIFFAUT.

Monsieur Villar est mort.

M. ROGER.

> Dieu! la chose est cruelle!

M. BRIFFAUT, d'un ton consolateur.

Nous sommes tous mortels.

M. ROGER.

> Ce n'est pas ce qu'on dit.

M. BRIFFAUT.

On le pense du moins.

M. ROGER.

J'en demeure interdit :
C'en est fait, pour le coup le sort me fait la moue,
Et de mon embarras sa malice se joue.
Que faire cependant en un cas si fâcheux?
Quand un seul me manquait, comment en trouver deux?
Dans quels lieux ignorés?...

M. BRIFFAUT.

Mon cher, allez en Suisse ;
Courez vite, on pourra vous y donner l'indice
D'un homme, d'un Anglais, qui, de Lyon parti,
Resta là deux cents ans, sous la neige englouti,
Que l'on rendit au jour, par cure sans pareille,
Et qui vit maintenant et se porte à merveille.

M. ROGER.

Ah! j'y cours!

M. BRIFFAUT.

Un instant : qu'aperçois-je là-bas?
C'est un homme.

M. ROGER.

Il suffit!... il ne passera pas.

SCÈNE X.

LES PPRÉCÉDENS, M. PARISET.

M. ROGER, tirant M. Pariset par la cravate.

Viens çà, coquin, viens çà! Briffaut, va par derrière!
Tiens bon!

M. BRIFFAUT.

C'est le docteur! Bon Dieu! qu'alliez-vous faire?

M. ROGER, saluant.

Ah! vous vous êtes fait, docteur, bien désirer;
Notre pauvre malade est prête d'expirer.
Va la chercher, Briffaut!

(M. Briffaut sort.)

SCÈNE XI.

M. ROGER, M. PARISET.

M. ROGER.

Vous savez notre histoire?

M. PARISET.

Moi! non.

M. ROGER.

Elle est étrange et difficile à croire :
Nous éprouvons de vous un terrible besoin,
Et, comme je le vois, nous n'irons pas bien loin ;
Hélas! quelle infortune est égale à la nôtre!
Deux membres nous sont morts!

M. PARISET.

Qui donc?

M. ROGER.

Villar.

M. PARISET.

Et l'autre?

M. ROGER.

Lémontey.

M. PARISET, *riant.*

Quoi, la Parque!...

M. ROGER.

Ah! chut sur les absens!

M. PARISET.

Sans doute, vous avez nombre de remplaçans?

M. ROGER, à part.

Impitoyable sort! Hélas! tout m'abandonne!

M. PARISET.

Et qui donc cette fois s'est présenté?

M. ROGER, d'un ton creux.

       Personne !

Quoi! vous ne savez pas?..

M. PARISET.

      Vous m'en avez instruit;
Vos affaires ici causent si peu de bruit.

M. ROGER.

Eh bien! depuis long-temps, c'est là que nous en sommes!
Concevez-vous, docteur, la malice des hommes?
Personne sur les rangs!

M. PARISET.

     Certes, le trait est noir.

M. ROGER, vivement.

N'est-il pas vrai, docteur? Il me reste un espoir!
Vous sentez vous du goût pour notre Académie?
Consentez.....

M. PARISET.

Ma foi, non.

M. ROGER.

Mais on dit.....

M. PARISET.

Calomnie !
Je lui donne mes soins, je le puis, je le dois ;
Mais qu'on n'exige pas autre chose de moi.
Ah ! ce serait bien mal me payer de ma peine !
D'ailleurs, naguère encor j'ai fait *la quarantaine ;*
Car vous vous souvenez, qu'en docteur bon chrétien,
J'allai, moi quatrième, au bord hespérien,
Plein d'un beau sentiment, qui sans doute m'honore.
Soigner la fièvre jaune, ou plutôt *tricolore ;*
Mais, pour cette fois-ci, cherchez ailleurs vos gens.

M. ROGER.

Hélas !... Mais c'est égal, vos soins sont très-urgens,
Et vous les lui devez; vous, docteur de Bicêtre.
(A part.)
N'en désespérons pas, il changera peut-être.

M. PARISET.

Pour cela, volontiers ; d'ailleurs c'est mon devoir.

M. ROGER.

Ah ! la voilà qui vient !... Elle fait peine à voir.

SCÈNE XII.

Les Précédens, L'ACADÉMIE, *portée sur un brancard.*

L'ACADÉMIE.

Vous voilà, cher docteur : je sens bien que je passe ;
Ne suis-je pas très-mal ?

M. PARISET.
(Bas à M Roger.)
Mais, non. Elle est bien basse.

L'ACADÉMIE.

Vous me trompez, docteur... On veut me secourir ;
Mais, je le vois trop bien, je vais bientôt mourir !

M. PARISET.

Rejetez cette idée ; elle n'est pas probable.
Où vous sentez-vous mal ?

L'ACADÉMIE.

Dans tous les membres.

M. PARISET.

         Diable !
Un de vos pieds est bon.

L'ACADÉMIE.

      Mais je marche en boitant.

M. PARISET.

Le ventre ?

L'ACADÉMIE.

  Oh ! pour le ventre, il est fort bien portant.

M. PARISET.

La tête ?

L'ACADÉMIE.

  On l'a voulu couvrir d'une calotte,
Et depuis ce temps-là, je sens... que je radote.

M. PARISET.

C'est votre faute aussi : pourquoi s'enducailler ?

L'ACADÉMIE.

Mais sans cela, docteur, il faut s'encanailler ;

Fi, monsieur Pariset!

M. PARISET.

Voilà comme on raisonne;
Les ducs vous plantent là; vous appelez : personne;
Et quand le noble amant a soudain disparu,
Il faut ouvrir les bras à quelque malotru,
Vieux, hébété, bancal.....

M. ROGER.

Eh! docteur, je vous prie :
Des boiteux devant moi je n'aime pas qu'on rie.

M. PARISET.

Ah! vous avez raison, défendez les boiteux;
Il fait bon se moucher, quand on se sent morveux.

M. ROGER, en colère.

Monsieur, quoique boiteux, on peut être un grand homme!

M. PARISET.

Oh! mon Dieu, libre à vous!

M. ROGER.

Ce Byron, qu'on renomme;

Richard trois, Walter Scott...

M. PARISET.

Certe, sous ce rapport,
Sans contredit, monsieur, vous leur ressemblez fort.

M. ROGER, ravi.

Ah! monsieur, trop d'honneur! Cela vous plaît à dire.

(Il se retourne du côté du brancard.)

Mais que vois-je, grand Dieu!.. l'Académie expire!

M. PARISET.

Du vinaigre, des sels! Agissons sans retard!
Faisons une saignée! Eh! vite!

L'ACADÉMIE.

Il est trop tard.
Je vais enfin, messieurs, terminer ma carrière.

M. PARISET.

Eh quoi! sans mon secours!

L'ACADÉMIE.

Vous n'y pouvez rien faire :
Mon mal vient de plus loin ; mais, regrets superflus!
Le destin l'a permis... je n'en parlerai plus.

Pourtant, du dernier somme avant que je repose,

Je veux de mes erreurs confesser quelque chose :

Je ne parlerai pas de ces petits péchés,

Expiés si souvent, si souvent reprochés ;

Mais, ce qui me fait mal, ce que je voudrais taire,

C'est d'avoir dans mes bras accueilli ce Voltaire,

Raynal, Parny, Chénier, sans-culottes jurés,

Et souche des coquins qui nous ont dévorés !

Ils sont morts, il est vrai, mais il en est bien d'autres,

De la philosophie audacieux apôtres,

Détracteurs du clergé, gens à mauvais dessein,

Et serpens libéraux, réchauffés dans mon sein :

Dix ou douze faquins, médisant des jésuites

(Ce qui me fait grand tort et dont je crains les suites),

De l'opposition écrivains effrontés,

Que l'âge a dès long-temps dans l'erreur encroûtés,

Et qu'il faut aux enfers dévouer tous en somme.

Lavigne en est aussi ; mais lui, c'est un jeune homme ;

Revenant sur ses torts, qu'on lui fera sentir,

Avant qu'il soit long-temps, il peut se convertir ;

L'Hermite, pour changer étant trop vieux, je pense,

Restera dans l'erreur et dans l'impénitence;

Mais j'y tiens : pour bien faire, il faudrait... qu'il mourût,

Et qu'un beau désespoir alors le secourût..

Vous avez entendu ce que j'avais à dire;

Et maintenant, Roger, veuillez encore écrire

Ce que je vais dicter à mon dernier moment,

Ma volonté suprême, enfin... mon testament!

M. ROGER.

Hélas!

L'ACADÉMIE.

« Considérant, comme dit l'Évangile,

» Que tout en ce bas monde est mortel et fragile,

» Et me trouvant d'ailleurs, quoiqu'on en ait douté,

» En parfaite raison, bien qu'en faible santé... »

M. PARISET, bas à Roger.

La pauvre femme! elle est encore dans le délire.

L'ACADÉMIE.

« Ayant bien médité ce que j'avais à dire,

» Je dispose mes dons et mes vœux comme il suit :

» D'abord, de tous mes biens, capitaux, usufruit,

» Je fais et j'institue unique légataire

» La Congrégation; et, pour un séminaire,

» Lui laisse mon hôtel, dit Palais Mazarin,

» Et quarante fauteuils, bien rembourrés en crin,

» Afin que dans cent ans sa voix me canonise,

» Car on ne perd jamais, en donnant à l'église.

» Je lui lègue, de plus, mon immortalité.

» *Item* : tous mes discours à l'Université,

» Afin que d'après eux un mémoire s'apprête

» Sur la civilité *puérile et honnête*,

» (Lequel travail pourrait être fait par Auger).

» *Item* : Je donne et lègue à Roger... »

M. ROGER, pleurant.

A Roger!

L'ACADÉMIE.

« Pour les bons et loyaux services... »

M. ROGER.

O souffrance!

L'ACADÉMIE.

« Qu'il a toujours rendus, ou pu rendre à la France,
» Je lui lègue, ai-je dit...... »

M. ROGER.

O regret impuissant !

L'ACADÉMIE.

» Sur les bons des *Cortès* ou sur les trois pour cent...»

M. ROGER, surpris.

Plaît-il ?

L'ACADÉMIE.

« *Quinze cents francs de rentes viagères,*
» *Pour avoir souvenir de moi dans ses prières,...*
» *Et l'honneur d'envoyer en tous lieux sans retard*
» *Les billets de service, et ceux de faire-part* *. »

---

*Voici à peu près le texte desdits billets :

A *Monsieur* ***.

Comme à l'existence éternelle
Rien ici-bas ne doit viser,
Vous êtes prié d'excuser
La triste mort d'une immortelle :

M. ROGER, à part.

ne je vois, n'est pas de conséquence,
Et j'avais attendu plus de reconnaissance.

L'ACADÉMIE.

« Item : Aux trente-huit..... »

M. ROGER.

Ah ! quoi ?

L'ACADÉMIE.

« Mes complimens. »

M. ROGER, à part.

Elle n'a point changé dans ses derniers momens.

L'ACADÉMIE.

« Qu'on m'enterre à Montrouge; Auger sera d'office,
» Pour parler sur ma tombe, et faire la notice,
» Qui, vantant mes vertus, ma vie, et mes travaux,

A Montrouge, lieu de son choix,
Repose notre Académie ;
Si l'on *repose*, toutefois,
Quand on n'a rien fait dans sa vie.

DE PROFUNDIS.

» Le lendemain matin remplira nos journaux. »

Adieu donc, je vous quitte, ô foyers domestiques,

Noble salle, qui vis mes séances publiques,

Ces jours d'une splendeur dont l'envie a gémi,

Et vous, vastes fauteuils, où j'ai si bien dormi !

Témoins de mes honneurs... témoins de ma souffrance,

Je vous quitte !...

M. ROGER.

Elle expire !

SCÈNE XIII ET DERNIÈRE.

LES PRÉCÉDENS, M. BRIFFAUT, *hors d'haleine.*

M. BRIFFAUT, à M. Roger.

Ami, bonne espérance !

Défiez les frondeurs ameutés contre vous,

Nous avons la victoire, et les dieux sont pour nous !

Trois candidats nouveaux...

L'ACADÉMIE, se relevant.

Trois ? Qu'oses-tu m'apprendre ?

M. BRIFFAUT.

Oui ; dans un trébuchet nous venons de les prendre,

M. PARISET, souriant.

(Bas.)

C'est fort!... Dis donc, Briffaut, quels sont les malheureux,
Assez abandonnés des hommes et des dieux ?

M. BRIFFAUT, avec un rire forcé.

Hé ! hé ! ce cher docteur, toujours le mot pour rire !
Mais, pour cette fois-ci, vous n'aurez rien à dire :
Viennet, Royer-Collard...

M. PARISET.

Diable ! mais c'est du bon.

M. BRIFFAUT.

Monsieur Guillon, l'abbé...

M. PARISET.

Celui qui brûle?

M. BRIFFAUT.

Oh ! non.

L'ACADÉMIE, se mettant sur son séant.

Je me sens un peu mieux !... Bienheureuse nouvelle !

Ma mort est ajournée... et je l'échappe belle:

Puis-je espérer, docteur?...

M. PARISET.

Madame, assurément.

(Bas à M. Briffaut.)

Il faut bien la flatter jusqu'au dernier moment;

Mais elle a fait effet, votre petite histoire.

M. BRIFFAUT, surpris, bas.

Eh quoi! vous douteriez...

M. PARISET, bas.

Nul ne m'en fait accroire,

E benè trovato; pourtant, je ne vois pas...

L'ACADÉMIE.

Messieurs, vous m'alarmez; que dites-vous tout bas?

M. PARISET.

Que vous êtes encor faible de la poitrine,

Et qu'ainsi, dans un lieu cher à la médecine,

Il faudrait quelques jours...

L'ACADÉMIE.

Ah! j'entends... l'hôpital!

M. PARISET.

On pourrait plus à l'aise y traiter votre mal,

Et les soins mieux donnés seraient plus profitables.

L'ACADÉMIE, soupirant.

Eh bien ! j'y consens donc... partons !

M. PARISET, aux porteurs de brancard.

Aux Incurables !

ENCORE UN MOT.

Puisque, d'après la distribution typographique de l'ouvrage, l'imprimeur me laisse encore deux pages à dépenser, et que, quand même je les laisserais en blanc, elles devraient être également payées, je vais en profiter pour parler au public d'un nouvel ouvrage que je suis au moment de publier.

Il faut se rappeler que je fis paraître, au mois d'avril dernier, une brochure intitulée : *Napoléon et la France guerrière*; elle eut peu de succès, et, quoique plusieurs journalistes aient eu la bonté d'en dire quelque bien, je dois croire qu'ils eurent en cela plus d'égard pour mon âge que pour mon mérite; mais maintenant que j'ai quelques mois de plus, je conçois le projet d'en faire un ouvrage plus digne de l'attention du public, et je pense que quelques études littéraires, faites depuis ce temps, m'en rendront peut-être capable.

Dans cette espérance, je ferai paraître, sous quelques jours, la première livraison de l'ouvrage refondu et beaucoup augmenté. Elle se composera de quatre élégies : *le Prologue*, *la Victoire*, *la Russie*, et *le Retour*. Les deux livraisons suivantes contiendront huit autres élégies, destinées à compléter le douloureux tableau de nos infortunes; enfin, la dernière partie du volume renfermera des poésies diverses, et des essais dramatiques et satiriques. La première livraison sera mise en vente dans les derniers jours du mois, et les autres suivront rapidement. Je compte sur la bienveillance du public pour cet ouvrage, qui formera mon début littéraire.

www.ingramcontent.com/pod-product-compliance
Lightning Source LLC
LaVergne TN
LVHW022212080426
835511LV00008B/1718